zeitreise 1

Schülerarbeitsheft
Antike

Ernst Klett Schulbuchverlage
Stuttgart · Leipzig

1. Auflage A 1 9 8 7 | 2014 2013 2012 2011

Alle Drucke dieser Auflage können nebeneinander benutzt werden,
sie sind untereinander unverändert. Die letzte Zahl bezeichnet das Jahr des Druckes.

Internetadresse: www.klett.de

Autoren: Sven Christoffer, Helmut Heimbach, Uwe Jabs, Klaus Leinen, Dr. Peter Offergeld, Jörg Schelle
Redaktion: Petra Bauersfeld
Gesamtgestaltung: Kassler-Design, Leipzig
Piktogramme: Erhard Müller, Leipzig
Reproduktionen: Meyle & Müller, Pforzheim
Druck: AZ Druck und Datentechnik GmbH, Kempten/Allgäu

Printed in Germany
ISBN-13: 978-3-12-421012-8
ISBN-10: 3-12-421012-3

9 783124 210128

Inhaltsverzeichnis

Meine Familiengeschichte

Bei der Erforschung deiner Familiengeschichte kannst du viel über deine Vorfahren lernen, zum Beispiel woher deine Familie stammt, welche Berufe die Familienmitglieder ergriffen haben und wie sie gelebt haben. Durchstöbere mit deinen Eltern und Geschwistern die Fotoalben deiner Familie. Befrage deine Eltern, Großeltern, Tanten und Onkel nach Kindheit, Schulzeit, Beruf und dem alltäglichen Leben (Wohnen, Schule, Essen, Kleidung, Freizeit usw.).

Um die Geschichte deiner Familie zu ordnen, entwirf einen Familenstammbaum. Trage in die erste Zeile den Namen ein, in die zweite Zeile den Geburtsort, darunter den Wohnort und dann den Beruf. In die untere Zeile kannst du eine weitere, interessante Information aufnehmen. Vielleicht kannst du nicht alle Kästchen ausfüllen, vielleicht weißt du aber auch noch etwas über deine Urgroßeltern. Dann musst du den Stammbaum auf einen DIN A3-Bogen kopieren und nach unten erweitern.

Beschreibe die Berufe, die es in deiner Familie gab, in Stichworten:

Notiere die Gründe, die bei deinen Eltern und Großeltern zu ihrer Berufswahl geführt haben:

Erkläre, was du bei einem Vergleich der Geburtsorte feststellen kannst:

Mein Familienstammbaum

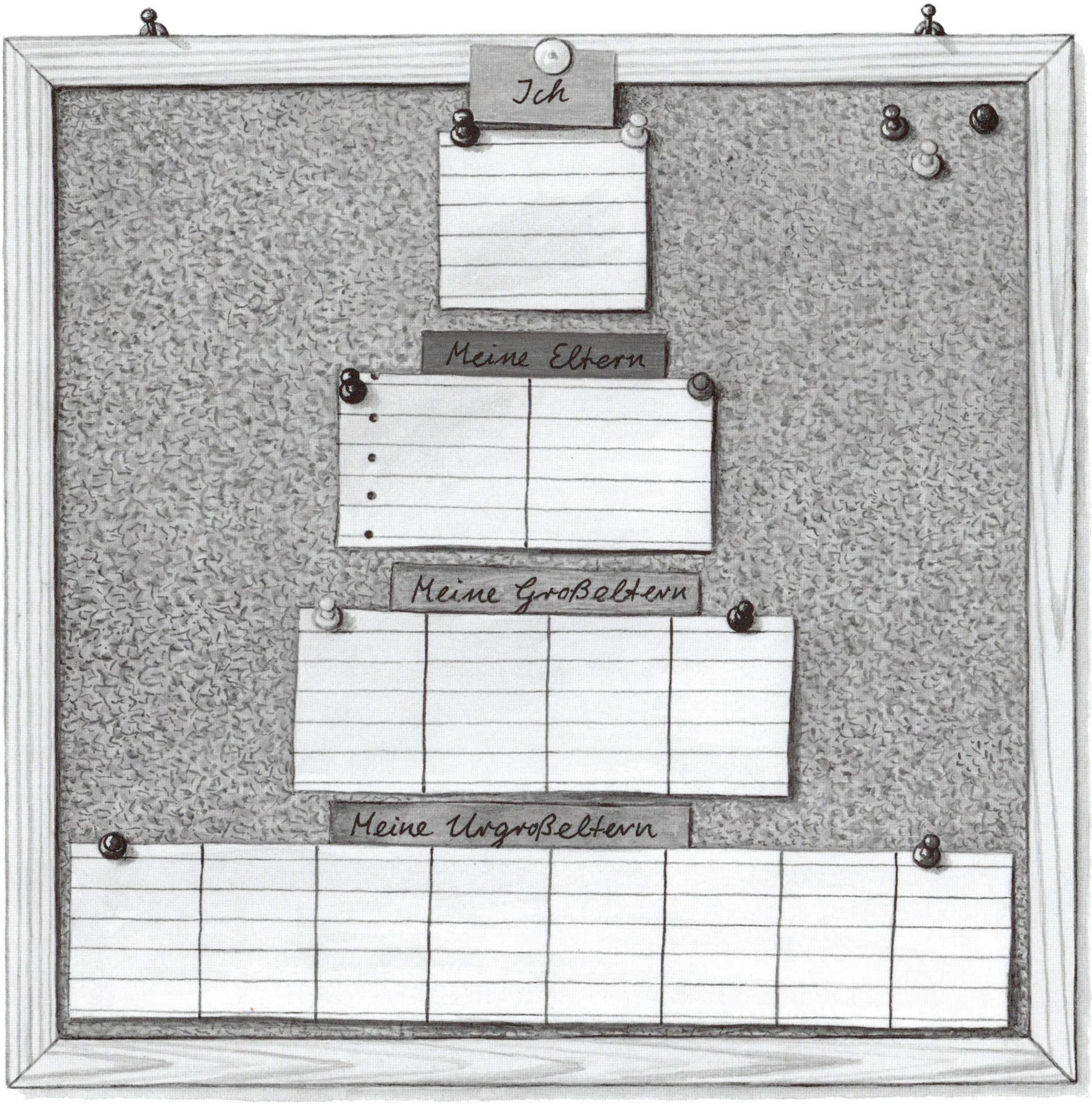

Begründe, warum Geburtsorte und Wohnorte in deiner Familie unterschiedlich waren oder sind:

Unser Familienwappen

Du hast bereits versucht für deine Familie euren Stammbaum zu erforschen. Nun kannst du auf die Suche nach einem Familienwappen gehen.
Früher war es oft so, dass wichtige Familien ein eigenes Wappen hatten. Es war ein wichtiger Bestandteil der Familiengeschichte und diente auch als Erkennungszeichen und Symbol der Zusammengehörigkeit der jeweiligen Familie.
Vielleicht gibt es in deiner Familie sogar noch ein Wappen. Wenn nicht, kannst du kreativ werden und dein Familienwappen erstellen.

Wir wissen aus Forschungen, dass fast immer nur „kräftige" Farben verwendet wurden: Rot, Gelb, Blau, Grün, Schwarz und Weiß, hin und wieder wurde auch Gold und Silber benutzt. Oft sind auf den Wappen Tiere, wie z. B. Vögel, Drachen, Löwen, zu sehen oder es sind Blumen und Bäume abgebildet.

Lass deiner Fantasie freien Lauf und entwirf dein Familienwappen. Überlege vorher, was sich aus eurem Familiennamen oder eurer Familiengeschichte auf einem Wappen darstellen lässt. Zwei Beispiele:

Familie Grenzer

Familie Hirschberg

Geschichtsrätsel

Mit diesem Rätsel sollst du wichtige Begriffe, die du im ersten Kapitel deines Schülerbuchs kennengelernt hast, herausfinden. Die umrandeten Felder ergeben das Lösungswort.

1. *Den Beginn der* ________ *läuteten mehrere Entwicklungen ein: die Erfindung des Buchdrucks, die Entdeckung Amerikas und der Beginn der Reformation durch Martin Luther.*

2. *Einen genaueren Überblick über die Reihenfolge geschichtlicher Ereignisse und Entwicklungen bietet dir der* ________ .

3. *Eine wichtige „Erfindung" im Altertum war die* ________ .

4. *Du kannst die Geschichte deiner Familie anschaulich darstellen, indem du einen* ________ *zeichnest.*

5. *Die Zeitrechnung ordnet die Vergangenheit durch eine Jahreszählung. Das griechische Wort dafür heißt* ________ .

6. *Geschichtsforscherinnen und Geschichtsforscher haben die Geschichte in größere Abschnitte eingeteilt, die* ________ .

7. *So nennen wir den Zeitabschnitt zwischen Altertum und Neuzeit:* ________

8. *Informationen über die Vergangenheit enthält man aus Quellen und* ________ .

9. *Um die Geschichte deiner Familie zu ordnen, kannst du die Familienmitglieder nach* ________ *einteilen. Dieses Wort stammt aus der lateinischen Sprache und bedeutet so viel wie Altersstufe.*

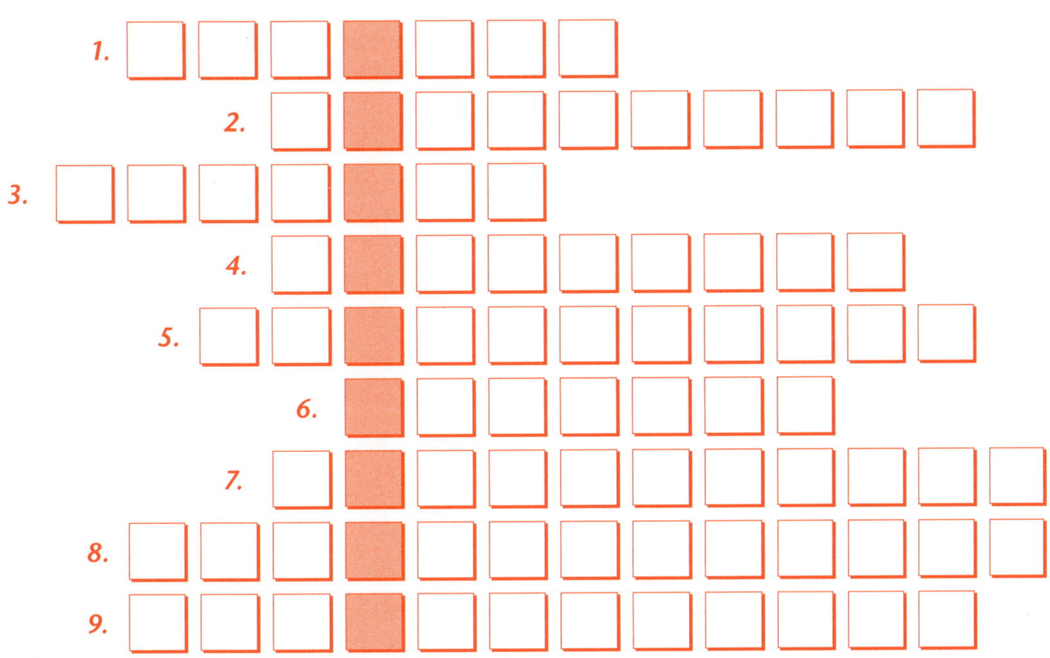

Höhlenmalerei der Steinzeit

In Höhlen und Grotten in Nordafrika, Spanien und Frankreich hat man Felszeichnungen gefunden, die über 30 000 Jahre alt sind. Sie zeigen uns den großen Tierreichtum dieser Zeit: Mammuts, Riesenhirsche, Wisente, Bären, Rentiere, Wildpferde, Urrinder, Steinböcke und Ziegen.
Die Menschen stellten ihre Farben aus zerriebener Holzkohle oder zermahlenen Kalk- und Eisensteinen sowie Wasser her. Sie malten mit den Fingern, mit Haarbüscheln oder Federn. Besonderen Wert legten sie auf die Umrisse der Tiere, die meist mit starken schwarzen Strichen markiert wurden.
Über die Bedeutung der Bilder sind sich die Wissenschaftler heute noch immer nicht einig. Sicherlich kam in den Bildern eine religiöse Verehrung der Tiere, die ja die Lebensgrundlage der Menschen bildeten, zum Ausdruck. Gleichzeitig dürfte die Malerei auch eine Art Zauber gewesen sein, der das Erlegen des Jagdwildes begünstigen sollte.

Dieses Fabelwesen stellt einen Zauberer dar. Welche Körperteile sind einem Tier, welche einem Menschen zuzuordnen? Erkläre, welche Aufgabe der Zauberer wohl übernehmen sollte.

Der Platz unten ist für deine Höhlenmalerei bestimmt. Verwende für deine Zeichnung Pinsel und Wasserfarben oder Kreide. Du kannst aber auch ein Mammut oder Rentier nach der Vorlage aus deinem Geschichtsbuch abzeichnen.

Was das Rentier den Menschen lieferte

Das Rentier war für die Menschen in der Altsteinzeit ein wichtiges Nutztier.

1. Sieh dir die Abbildungen genau an und ordne die Begriffe in die erste Spalte der Tabelle ein. Fülle dann die zweite, dritte und vierte Spalte aus. Ergänze deine Tabelle mithilfe der Rentier-Abbildung in deinem Schülerbuch.

2. Male die Abbildungen bunt aus (Nahrung = grün, Werkzeuge = rot, Kleidung und Gebrauchsgegenstände = braun).

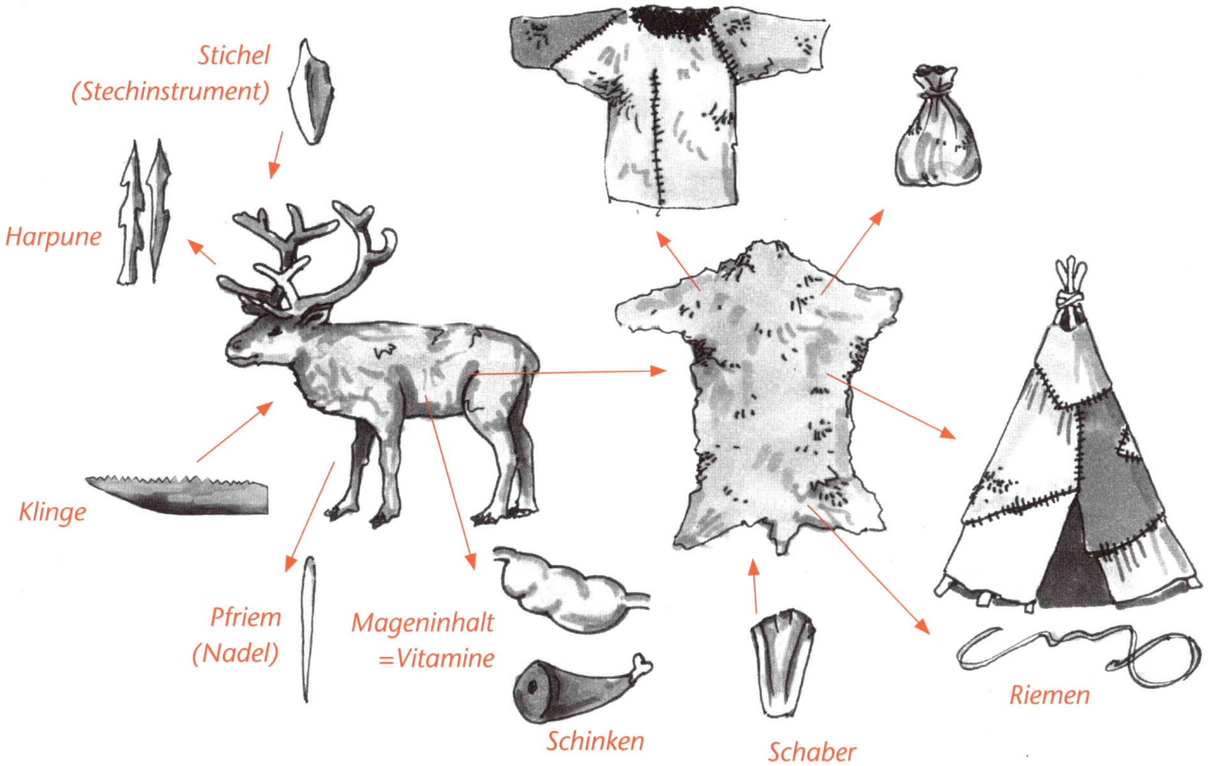

Teile:	gewonnen aus:	genutzt für:	Werkzeug für die Herstellung:
Harpune	Geweih	Fischfang	Stichel

Wohnen in der Steinzeit

Auf dieser Seite siehst du drei Abbildungen von Funden, die Archäologen bei ihren Grabungen gemacht haben. Auf der rechten Seite sind drei Rekonstruktionszeichnungen abgebildet.

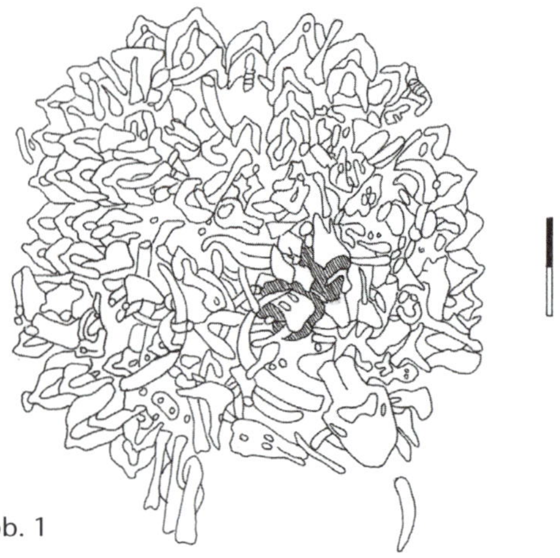

Abb. 1

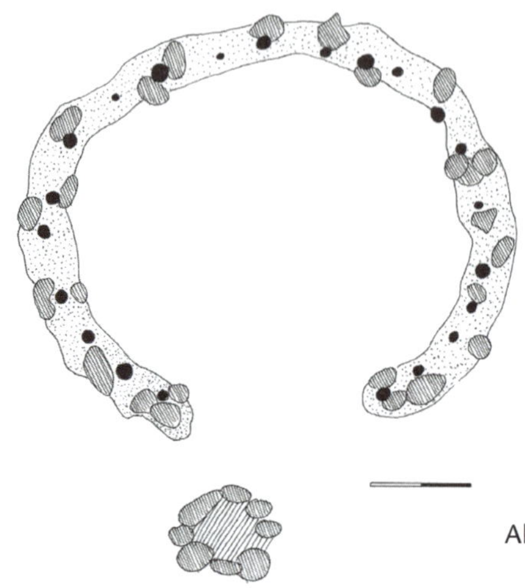

Abb. 2

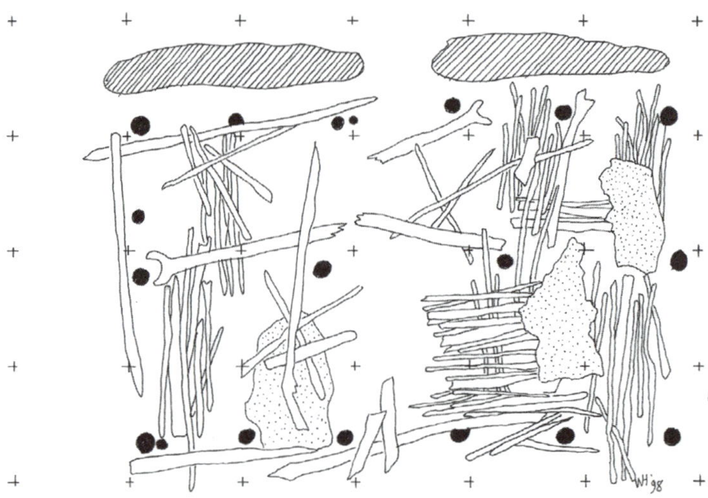

Abb. 3

Verbinde die Abbildungen, die zusammengehören, mit Linien.
Liste auf, welche Materialien die Menschen für die drei Behausungen jeweils verwendet haben.

Abb. 4	Abb. 5	Abb. 6

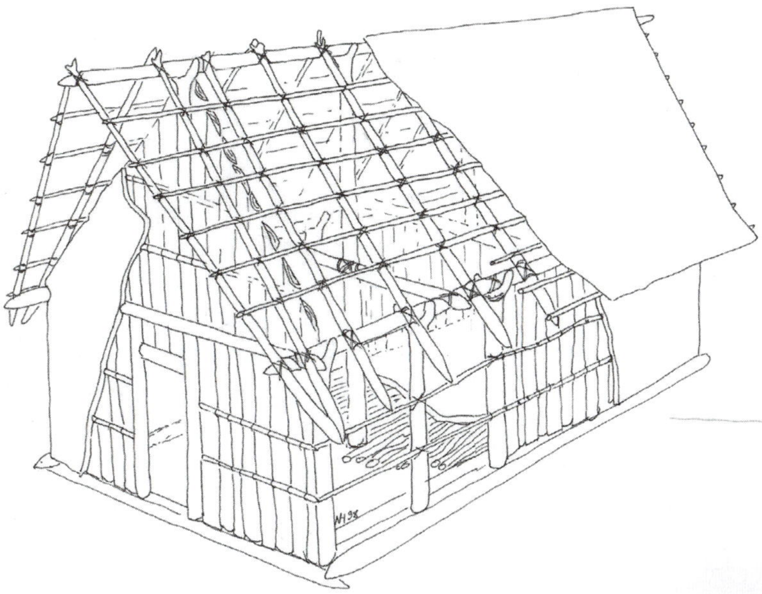

Abb. 4

Abb. 5

Abb. 6

Vergleiche jeweils Fund und Rekonstruktion: Welche Überreste haben die Forscher tatsächlich vorgefunden, welche Dinge haben sie aufgrund ihrer Kenntnisse ergänzt?

	Abb. 4	Abb. 5	Abb. 6
gefunden			
rekonstruiert			

Sprecht in der Klasse darüber, aus welcher Zeit die drei Behausungen stammen könnten und wer wohl darin gewohnt hat.

Metall gewinnen und bearbeiten

Etwa ab 4500 v. Chr. lernten die Menschen allmählich, Metalle zu bearbeiten – zuerst das Kupfer. Daraus konnte man bessere Waffen, Geräte und Schmuckgegenstände herstellen als aus Stein. Aber die Bearbeitung war nicht einfach. Erst musste das Kupfererz aus dem Gestein, in dem es steckte, gewonnen werden, dann musste man es in die richtige Form bringen. Das ging so:
Das erzhaltige Gestein konnte über oder unter der Erde abgebaut werden. So entstanden auch die ersten einfachen Bergwerke. Erst wurde das Gestein mit Feuer erhitzt, dann plötzlich mit Wasser abgekühlt. So bildeten sich Risse. Mit Schlägel und Hacke wurden dann die Felsstücke ganz abgelöst. Dann wurden sie zermahlen. So konnte man das Kupfererz vom unbrauchbaren Gestein trennen. Nun kam das Schmelzen. Ein Ofen aus Stein oder Ton wurde unten mit Holzkohle, darüber mit Erz gefüllt. Um das Kupfererz zum Schmelzen zu bringen, waren Temperaturen von über 1000°C nötig. Um diese Temperaturen erreichen zu können, fachte man das Feuer mit Blasebälgen an. Durch das Schmelzen erhielt man reine Kupferstücke. Für die Herstellung eines Gerätes wurde das Kupfer noch einmal geschmolzen und dann in eine Form aus Holz, Stein oder Ton gegossen. Nach dem Abkühlen konnte man dann die Feinarbeiten vornehmen.

Bringe die Bilder mithilfe des Textes in die richtige Reihenfolge. Nummeriere sie und schreibe zu jedem Bild einen passenden Text in Form einer Arbeitsanweisung. Berücksichtige auch Schritte, zu denen es kein Bild gibt, zum Beispiel: „Zuerst musst du so dicht wie möglich am Felsen ein Feuer anmachen. Denk daran … Pass auf, dass …"

Bildnummer

Bildnummer

Bildnummer

Bildnummer

Bildnummer

Diese besonderen Fähigkeiten mussten die Menschen haben, um Metall zu bearbeiten:

An den Ufern des Nils

Das Niltal ist eine Flussoase, umgrenzt von einer **Sand- und Steinwüste.** Der **Nil** mündet ins **Mittelmeer.** Nur ein schmaler Streifen **Schwemmland** links und rechts des Nils ist fruchtbar, nämlich so viel, wie durch sein Wasser bewässert werden kann. Dieses Gebiet ist das eigentliche Ägypten, wo schon früh Menschen siedelten, weil sie hier Ackerbau und Viehzucht betreiben konnten.
Rund 100 Tage lang führte der Nil im Sommer Hochwasser, überschwemmte die **Felder** und ging dann langsam zurück. In der restlichen Zeit des Jahres fiel dann kein Regen mehr. Um die lange Trockenzeit zu überbrücken, überlegten die Ägypter schon vor mehr als 3000 Jahren, wie das Hochwasser des Nils besser zu nutzen sei. Zuerst wurden die Felder durch **Deiche** gesichert. Dann grub man **Staubecken** und **Kanäle** links und rechts des Flusses tief in die fruchtbaren Felder hinein. Wenn das Hochwasser kam, sollten die **Schleusen** geöffnet werden, damit das Wasser in die Kanäle floss und nicht planlos die Felder überschwemmte und dabei zerstörte. Die vollgelaufenen Kanäle sollten später zum Nil hin wieder geschlossen werden. Das aufgefangene Wasser konnte dann in der trockenen Zeit mit **Schöpfrädern** auf die Felder gebracht werden.

1. *Trage in die leeren Kästchen auf dem Arbeitsblatt rechts die rot gedruckten Bezeichnungen aus dem Text richtig ein.*

2. *Male aus: die Wüste (gelb), das fruchtbare Schwemmland (grün), das Nilwasser, auch in den Kanälen und Stauseen (blau), die Schleusen und Deiche (dunkelbraun).*

3. *Begründe warum es heißt: Ägypten ist ein Geschenk des Nils.*

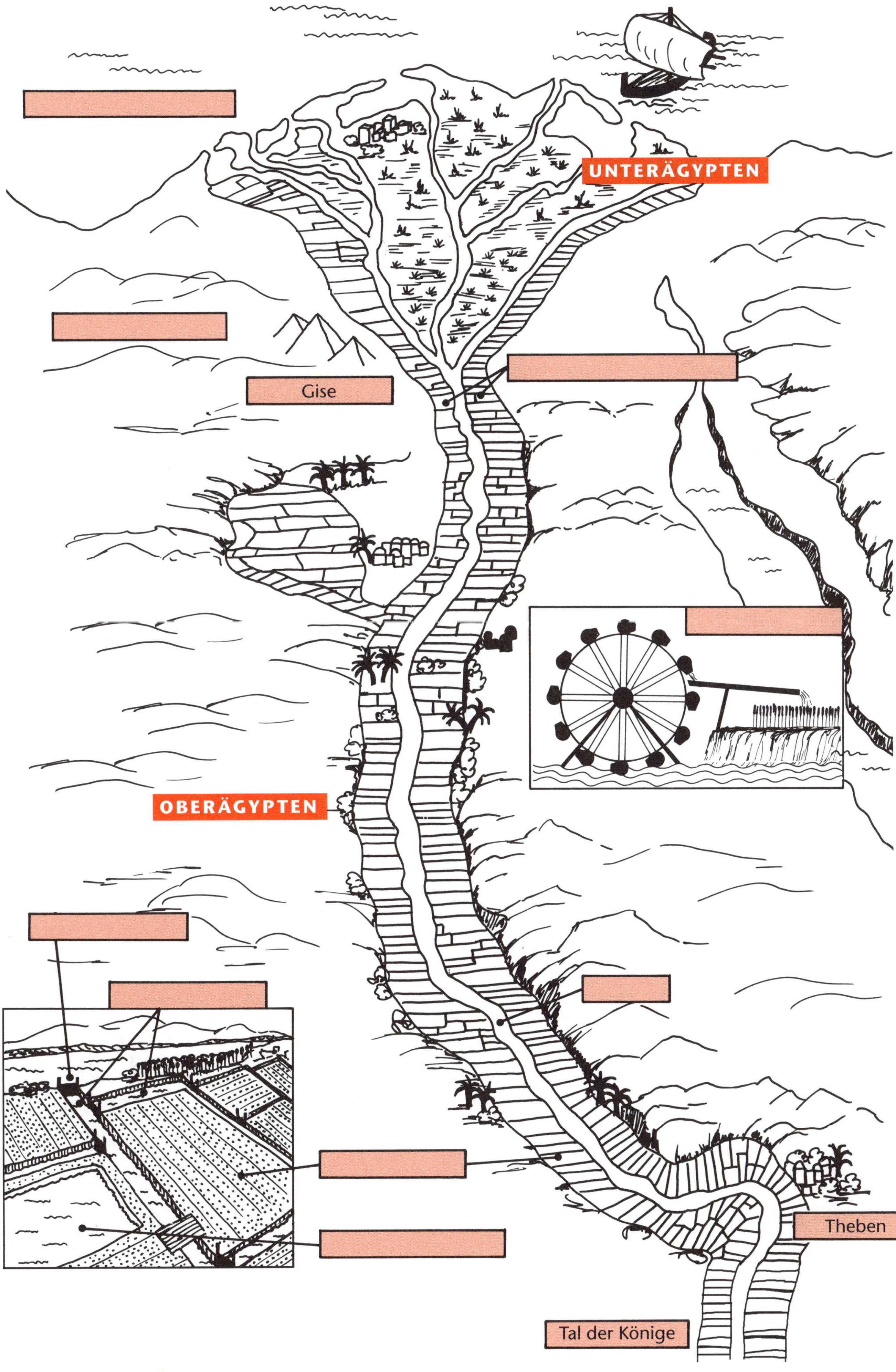
UNTERÄGYPTEN
Gise
OBERÄGYPTEN
Theben
Tal der Könige

Die Götter der Ägypter

Die Ägypter verehrten Hunderte von verschiedenen Göttern. Es ist oft gar nicht einfach, alle voneinander zu unterscheiden. Viele Götter werden in Menschengestalt oder mit Tierköpfen oder sogar nur als Tiere dargestellt. Dazu kommt noch, dass Ägypten in 42 Bezirke eingeteilt war und jeder von ihnen seinen eigenen Gott hatte. Fast alle Göttinnen und Götter hatten mehrere Bedeutungen.

1. Auf dieser Doppelseite findest du Beschreibungen von wichtigen Göttern, deren Namen man immer wieder in Hieroglyphentexten findet. Lies dir die Beschreibungen genau durch und ordne sie den Bildern zu. Wenn du die unterstrichenen Buchstaben in den Götternamen richtig ordnest, erhältst du den Namen eines berühmten Pharao.

Rê: *Er ist der Sonnengott und der Herr der Schöpfung. In seiner Sonnenbarke segelte er täglich über den Himmel, nachts fuhr er durch die Unterwelt. Er wird mit Sonnenscheibe und mit einem Falkenkopf dargestellt.*

Hathor: *Sie ist die Göttin der Liebe, des Tanzes, der Freude und der Fruchtbarkeit. Sie ist auch die Schutzgöttin des Wüstengebirges der Toten. Die Kuh als heiliges Tier gehörte zu ihr. Deshalb wurde sie oft als Kuh oder mit Kuhohren und einem Kuhgehörn dargestellt.*

Horus: *Er ist der Sohn des Osiris und seiner Schwester Isis. Er ist der Herrscher des Himmels. Seine Augen sind Sonne und Mond.*
Er überwindet das Böse. Dargestellt wurde er als stolzer Falke oder in Menschengestalt mit Falkenkopf.

Amun: *Er ist der Gott der Stadt Theben. Die Ägypter verehrten ihn als Fruchtbarkeits- und Lichtgott. Er gilt auch als Gott der Winde. Meist wurde er in Menschengestalt dargestellt. Seine heiligen Tiere waren Widder und Gans.*

Sechmet: *Sie ist die löwengestaltige Göttin aus der Stadt Memphis. Sie ist die Frau des Gottes Ptah und vernichtet alle Feinde der Sonne. Sie ist auch die Botin des Todes und brachte Unheil und Seuchen in die Welt.*

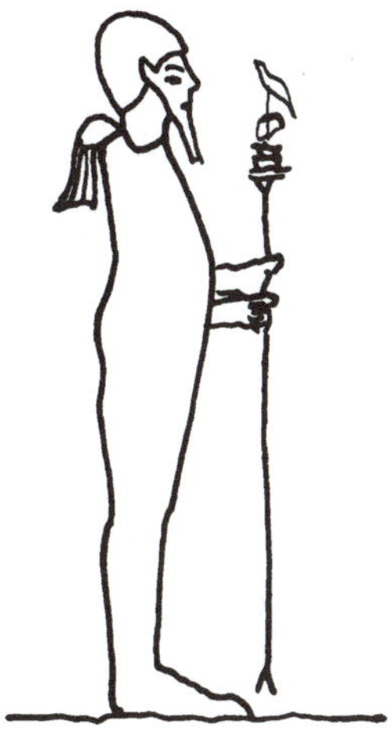

Osiris: Er ist der Gott des Todes und der Wiedergeburt. Er verkörpert das Werden und Vergehen in der Natur, das Sterben und Wiederauferstehen der Menschen. Er leitet das Totengericht. Dargestellt wurde er in einem mumienähnlichem Wickelgewand, in den Händen Zepter und Geißel. Seine Gesichtsfarbe ist meist grün, weil er nur in der Unterwelt lebte.

Bastet: Auch sie ist eine Göttin der Liebe und Freude. Dargestellt wurde sie in Menschengestalt mit lachendem Katzenkopf oder als große Katze mit Jungen.

Ptah: Er ist der Stadtgott von Memphis und gilt als Schöpfergott. Er hat die Welt aufgebaut und ist der Schutzgott der Künstler und Handwerker. Ptah wurde in Menschengestalt mit enganliegendem Gewand, Lederkappe auf dem Kopf und Bart dargestellt.

2. Das Lösungswort heißt:

3. Überlege, warum die Ägypter viele ihrer Götter als Tiere oder mit Tierköpfen dargestellt haben. Welche Eigenschaften der Tiere haben sie vermutlich bewundert und verehrt?

4. Du kannst die Götterfiguren anmalen. In deinem Buch findest du Beispiele dafür, wie die Ägypter ihre Götter farbig dargestellt haben.

Das Totengericht

Die Reihenfolge der einzelnen Sätze hat jemand durcheinander gebracht. Stelle die Ordnung wieder her.

1. Die Vorbereitungen für das Begräbnis dauerten bis zu 70 Tage.
2. Auf einer Waage wurde das Herz des Toten gegen die Feder der Maat gewogen.
3. Wenn ein Ägypter gestorben war, trauerte die ganze Familie.
4. Das Innere des Leichnams wurde mit Natron behandelt, um die Verwesung zu verhindern.
5. Die Frauen beschmierten zum Zeichen der Trauer ihre Gesichter mit Schlamm, die Männer rasierten sich nicht.
6. Der Tote wurde von dem Gott Horus zu Osiris geführt.
7. Dem Verstorbenen wurden das Gehirn und alle Organe mit Ausnahme des Herzens entnommen.
8. Der Tote musste sich vor dem Totengericht der Götter verantworten.
9. Der Leichnam wurde zu einem Einbalsamierer gebracht.
10. Am Westufer des Nils wurde der Tote in der Stadt der Toten bestattet.
11. Die Organe wurden in Kanopenkrügen einzeln einbalsamiert.
12. Der Gott Thot notierte das Ergebnis des Wiegens.
13. Der Leichnam wurde mit Leinenstreifen umwickelt und in einen Sarg gelegt.
14. Osiris, der Gott der Unterwelt, entschied, ob der Tote ins Jenseits gehen durfte.

Richtige Reihenfolge:

Die Pyramiden – Häuser für das ewige Leben

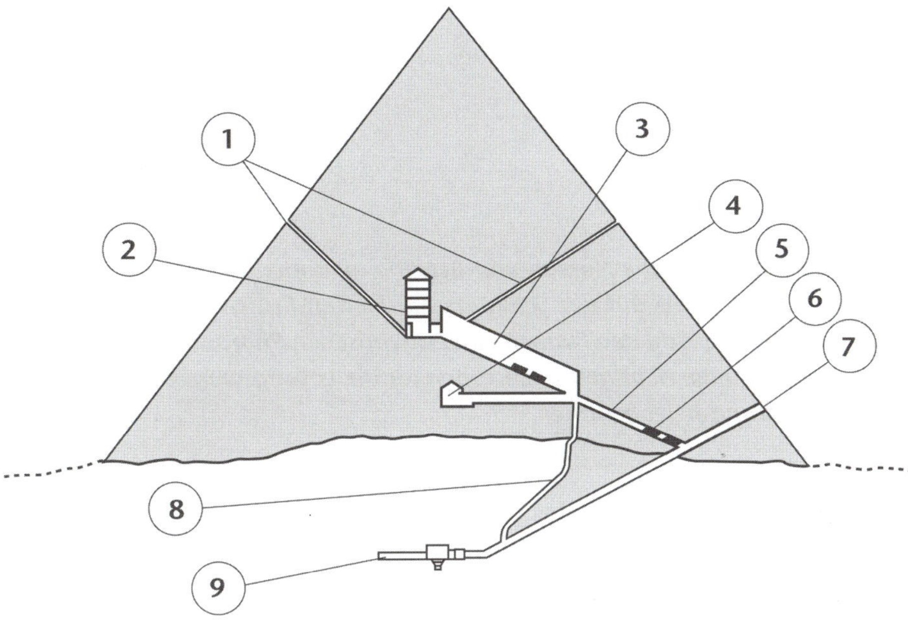

1 Luftschacht
2 Sargkammer
3 Große Galerie
4 „Königinnen-Kammer"
5 Fluchtgang
6 Verschlusssteine
7 Aufsteigender Korridor
8 Absteigender Korridor
9 Unterirdische Grabkammer

Die Cheopspyramide

In deinem Schülerbuch findest du ein Foto von Pyramiden – die größte ist die Cheopspyramide. Sie hat ihren Namen nach dem ägyptischen Pharao Cheops, der vor rund 4500 Jahren lebte und 23 Jahre lang regierte. 20 Jahre lang haben bis zu 100 000 Arbeiter an dieser Pyramide gearbeitet. Sie haben fast 2 Millionen Steinblöcke mit einem Gewicht von 2,5 Tonnen verbaut. (Zum Vergleich: Ein Kleinwagen wiegt etwa eine Tonne.) Die Seitenflächen der Pyramide sind etwa 230 m lang und sie hatten ursprünglich eine Höhe von 147 m. Wie haben die Menschen jener Zeit diese große technische Leistung ohne die vielen Werkzeuge und Maschinen, die wir heute kennen, vollbracht? Wir wissen es nicht genau. Aber es könnte folgendermaßen abgelaufen sein:

Am Anfang mussten die .... beschlagen werden. Dazu benutzte man hauptsächlich .... Dann wurden die Steinblöcke auf .... zum .... gerollt. Auf die andere Seite transportierte man sie bei .... mit .... Von dort schaffte man sie wiederum mit Baumstämmen oder Holzschlitten zur .... – mehr als hundert Menschen mussten dabei mithelfen. Nun konnte der Bau beginnen: Zuerst wurde die .... des Königs gebaut und ausgestaltet. Sie wurde mit .... nach oben abgesichert, bekam links und rechts jeweils einen .... und ihr Eingang wurde mit .... gesichert. Dann wurden nach und nach die Steinblöcke aufeinander gestapelt. Sie passten so genau, dass kaum eine .... blieb. Gleichzeitig bekam die Pyramide mit zunehmender Höhe außen eine .... Zum Schluss wurde sie von oben nach unten mit hellen .... verkleidet. Die Rampe wurde nach und nach wieder abgebaut.

Betrachte die Zeichnung und setze die fehlenden Wörter richtig in den Lückentext ein. Es sind:
Baumstämmen – Baustelle – Flößen – Fuge – Grabkammer – Lauf- und Transportrampe – Luftschacht – Nil – Hochwasser – Steinblöcke – Steindecken – Steinplatten – Steinwerkzeuge – Verschlusssteinen.

Die rätselhaften Uräusschlangen

„Uräus" bedeutet „die sich Aufbäumende". Es ist eine Kobra, die nach dem Glauben der Ägypter das Böse vom König fernhält. Man sah in ihr das Auge des Sonnengottes Rê. Der König trägt die Darstellung des Kopfes der Kobra auf der Stirn.

Wer aber versteckt sich hinter den Schlangen? Wenn du die Namen und Begriffe gefunden hast, um die es in den folgenden Fragen geht, musst du die Buchstaben in den auf der Schlange markierten Feldern ordnen und in die Kästchen unten auf den Seiten eintragen. Dann erhältst du den Namen eines ägyptischen Pharaos und des Mannes, der das Grab dieses Pharao entdeckt hat. Damit du die richtigen Buchstaben für die Lösungswörter erhältst, musst du darauf achten, immer die gleiche Schreibrichtung beizubehalten.

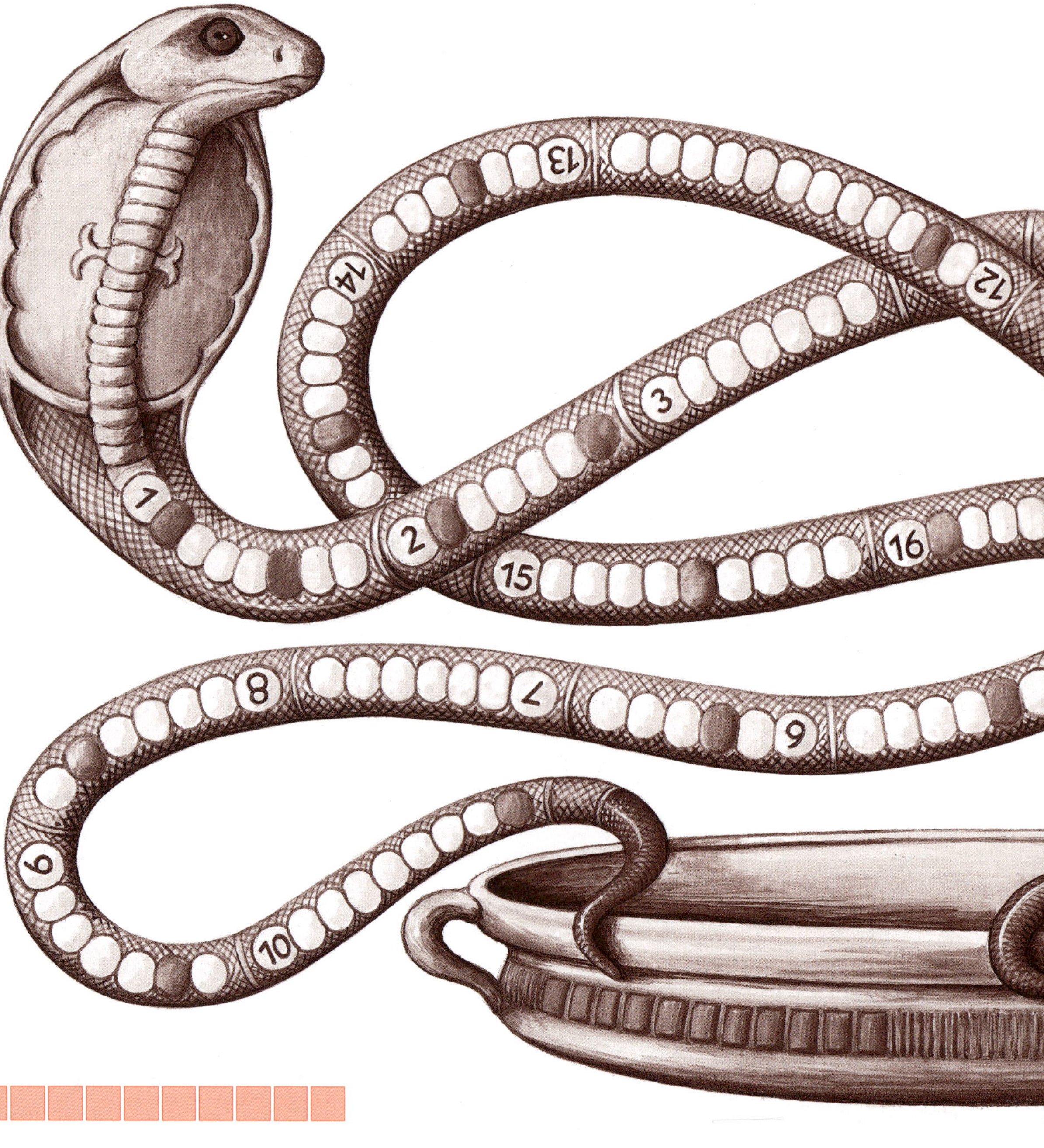

Ein Pharao: ☐☐☐☐☐☐☐☐☐☐☐

1. 365 Tage in Ägypten waren ein …?
2. Von hier aus fuhr man über den Nil ins Tal der Könige.
3. Diese Familien standen ganz unten in der ägyptischen Gesellschaftsordnung.
4. Mit diesem Schöpfgerät bewässerten die Bauern ihre Felder.
5. So hieß Hatschepsuts Sohn, für den sie zunächst die Herrschaft übernahm.
6. Der Verstorbene wird für die Fahrt ins Jenseits vorbereitet. Sein Körper ist dann eine …
7. Die größte Pyramide hat … bauen lassen.
8. Übersetzt bedeutet dieser Titel „hohes Haus".
9. Wenn er am Horizont aufging, strahlten alle Ägypter.
10. Pyramiden waren Bauten für die …
11. Hier stehen drei Weltwunder der Antike.
12. Hier mussten sich alle Ägypter nach dem Tod verantworten.
13. Auch junge Ägypter mussten hier hin, wenn sie lernen sollten die Hieroglyphen zu lesen und zu schreiben.
14. Dies ließ der Nil jedes Jahr nach dem Hochwasser auf den Feldern zurück.
15. Er hat eine der drei Pyramiden bauen lassen, es ist aber die kleinste.
16. Wenn ein Pharao gestorben war, freuten sich nur die Bewohner dieses Ortes darüber.
17. Diese Pflanze wuchs an den Ufern des Nils und war für Schreiber sehr wichtig.
18. Der Mann mit diesem Amt sorgte dafür, dass die Befehle des Pharao ausgeführt wurden.
19. Eine der drei Pyramiden gehört ihm.
20. An diesem Ort ließen sich viele Pharaonen bestatten.
21. Wenn ein Volk nicht mehr wie Nomaden umherzieht, sondern in festen Häusern lebt, eine Schrift kennt und vieles andere sein eigen nennt, spricht man von einer …
22. Für die Ägypter bedeutete diese Landschaft den Tod.

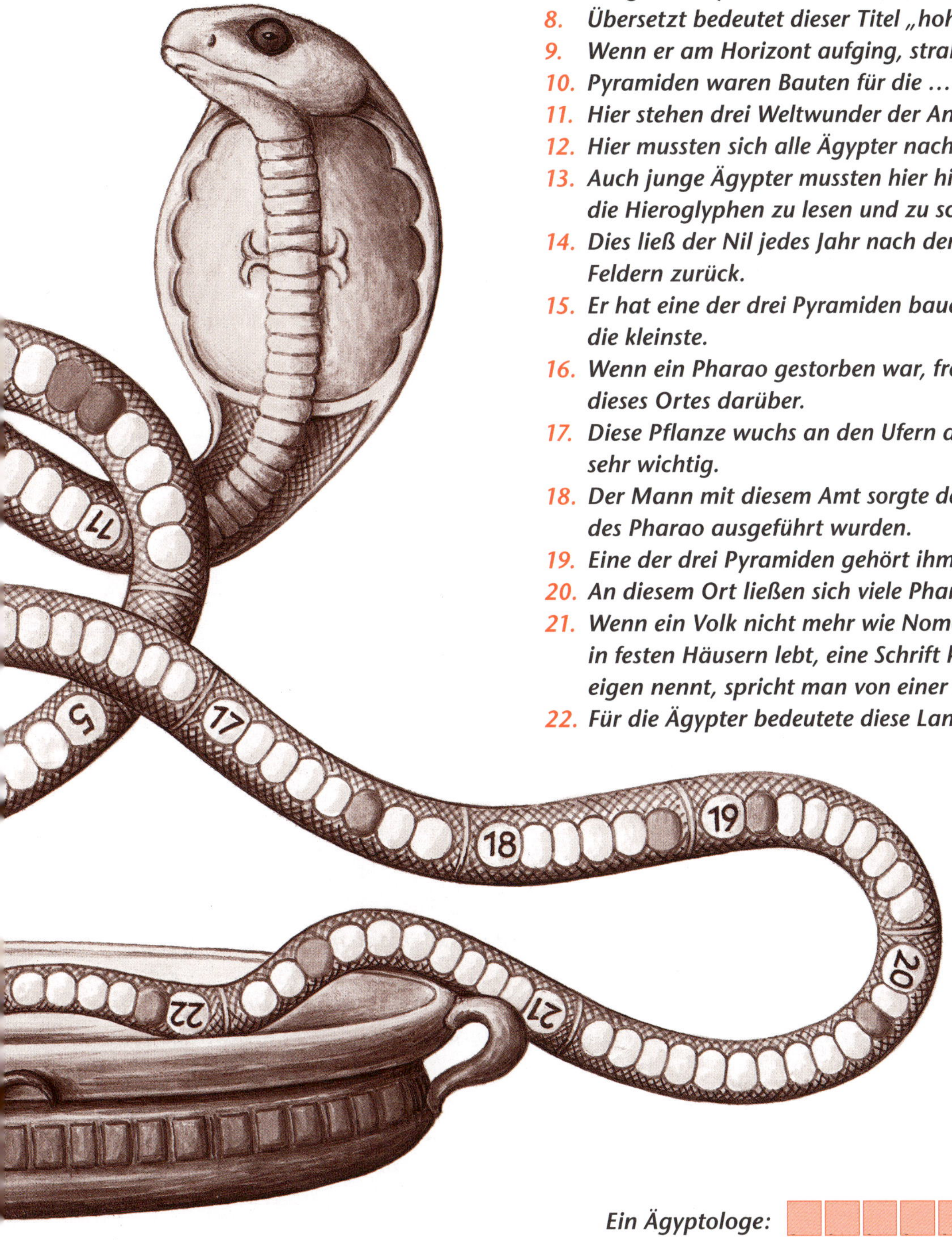

Ein Ägyptologe: _ _ _ _ _ _   _ _ _ _ _ _

„Wie die Frösche um einen Teich“

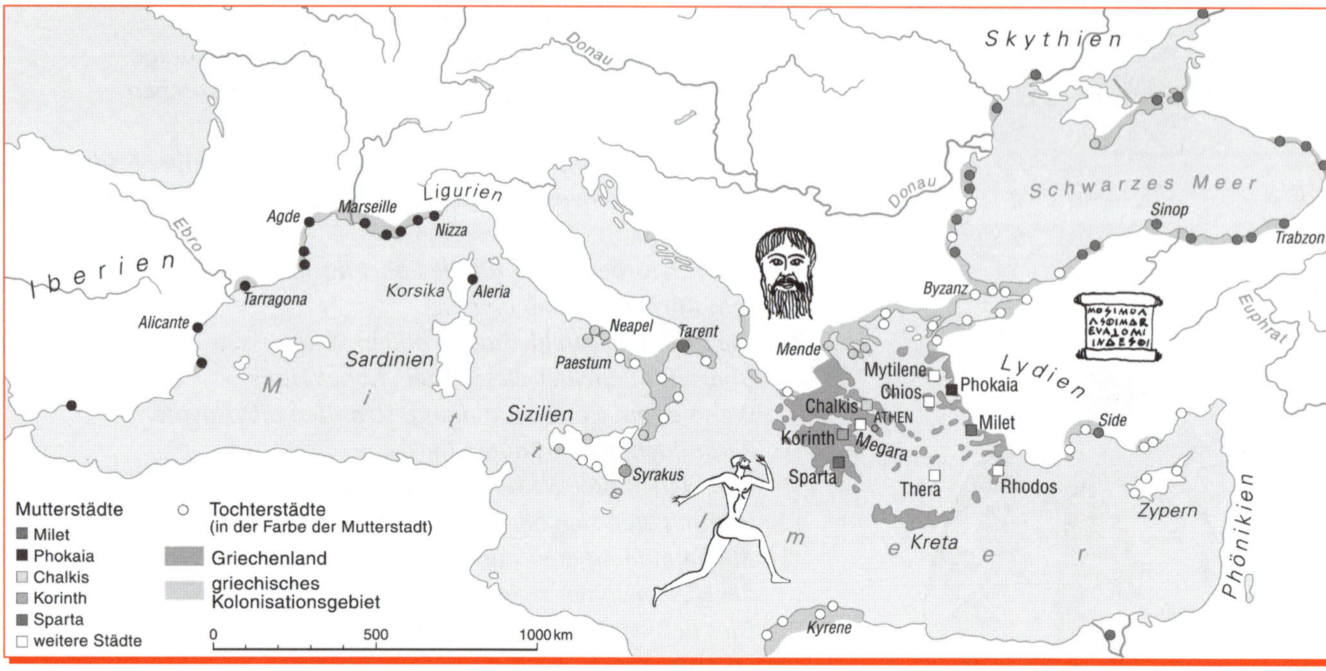

1. „Wir sitzen um unser Meer wie die Frösche um einen Teich.“ So beschrieb ein griechischer Philosoph den Siedlungsraum der Griechen. Welches Meer meint er damit? ....
Welches andere Meer könnte er auch noch als „Teich“ der Griechen bezeichnen? ....

....

2. In welchen heutigen Ländern lagen die Siedlungsgebiete der Griechen?

....

....

....

3. Aus welchen Gründen siedelten sich die Griechen in der Fremde an?

....

....

4. Die Bilddarstellungen in der Karte zeigen dir, wodurch sich alle Griechen miteinander verbunden fühlten. Vervollständige die Sätze: Sie glaubten an die gleichen ...., *veranstalteten sportliche* .... *für alle Griechen, verstanden die gemeinsame griechische* .... *und benutzten für Texte das griechische* ....

5. Welche Vorteile hatten die Griechen durch die Städtegründungen?

....

....

....

....

Die Götter der Griechen: mächtig und unsterblich, sonst aber wie Menschen

Eine Zeitmaschine versetzt dich mehr als 3000 Jahre in die Vergangenheit zurück. Zufällig bist du auf dem Berg Olymp gelandet, dessen Gipfel aus einem Meer von Wolken aufragt. Obwohl der Krieg um Troja schon zehn Jahre vorbei ist, streiten die Götter immer noch darüber.
Einige hatten auf der Seite der Griechen gekämpft, andere für die Trojaner Partei ergriffen. Zeus, der des ewigen Streitens müde ist, zieht sich grollend zurück. Auch die Menschen unten auf der Erde lässt er seinen Zorn spüren und erschrickt sie mit mächtigem Donnern. Plötzlich verstummt das laute Streiten der Götter. Alle schauen auf dich. Deine fremdartige Kleidung macht die Götter des Olymp neugierig. Da sie sehr eitel sind, möchten sie bald wissen, ob du ihre Namen kennst. Daraus machen sie ein Ratespiel, wie es die Griechen lieben.

Schreibe jeweils die richtige Ziffer in das freie Feld neben das Bild des Gottes oder der Göttin. Die Buchstaben von 1 bis 12 nennen ein Ereignis, das um 1250 v. Chr. wirklich stattgefunden haben könnte.

J

K

M

A

T

A

O

M

P

F

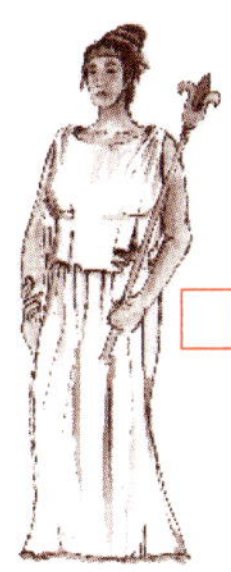
U

R

1 *„Ich bin die Göttin der Liebe und Schönheit. Im Krieg um Troja habe ich Paris beschützt, weil er mir einmal gegen meine neidischen Konkurrentinnen geholfen hat."*

2 *„Als Kriegsgott habe ich den Trojanern geholfen. Sonst wäre der Krieg zu schnell zu Ende gewesen, weil die Griechen sowieso die Stärkeren waren."*

3 *„Ich bin der Gott des Feuers und der Schutzherr der Handwerker. Ich gelte zwar als hässlich, aber die schöne Liebesgöttin ist meine Frau. Freilich betrügt sie mich manchmal mit dem Gott des Krieges. Deshalb war ich auch aufseiten der Griechen und habe dem Helden Achill eine Rüstung geschmiedet."*

4 *„Ich bin die Lieblingstochter des Göttervaters. Im Krieg habe ich auf der Seite der Griechen oft bewiesen, dass man mich zu Recht die kämpferische Göttin nennt. Odysseus wäre ohne meine Hilfe niemals nach Hause zurückgekehrt."*

5 *„Ich hasse Odysseus, weil er meinen Sohn Polyphem geblendet hat. Als Meeresgott habe ich ihn mit Sturm und Schiffbruch heimgesucht."*

6 *„Ich bin die Göttermutter. Weil Paris meine Schönheit nicht erkannt hat, habe ich für die Sache der Griechen gekämpft.*

7 *„Ich bin der Gott der Künste und der Wissenschaft und liebe besonders das Spiel auf der Kithara. Im Krieg rettete ich einmal den trojanischen Helden Aeneas vor dem wilden Diomedes."*

8 *„Ich bin die Göttin der Jagd. Im Krieg habe ich die Trojaner unterstützt. Dabei habe ich sogar Streit mit der Göttermutter bekommen, die mich mit meinem eigenen Köcher schlagen wollte."*

9 *„Ich bin der Götterbote. Meine Flügelschuhe brauchte ich während des Krieges oft, um die Gefallenen in das Totenreich zu begleiten."*

10 *„Ich bin der Herr der Toten. Mein dreiköpfiger Hund Zerberos bewacht die Unterwelt."*

11 *„Ich bin eine Schwester des Göttervaters. Als Göttin der Früchte und Pflanzen musste ich mich um das Wachstum kümmern. Da hat man keine Zeit für dumme Kriegsspiele."*

12 *„Ich bin der Gott des Weines. Eigentlich bin ich heute nur zu Besuch hier. Die anderen glauben etwas Besseres zu sein, weil meine Mutter ein Mensch war. Dabei ist Zeus doch mein Vater. Der Krieg macht mir keinen Spaß. Ich feiere lieber fröhliche Feste und leere so manchen Becher, auch wenn ich danach ab und zu einen schweren Kopf habe."*

Lösung:

Wettkämpfe zu Ehren der Götter

Die Griechen der Antike sind sozusagen die Erfinder des regelmäßigen sportlichen Wettkampfs. In Olympia fanden alle vier Jahre Spiele zu Ehren des Göttervaters Zeus statt, ebenso Wettläufe der Frauen zu Ehren der Göttermutter Hera. In Delphi trug man Wettkämpfe aus zu Ehren Apolls, bei Isthmia an der Landenge von Korinth zu Ehren des Poseidon und in Athen zu Ehren der Stadtgöttin Athene.

1. Welche Wettbewerbe der antiken Olympischen Spiele sind dargestellt?

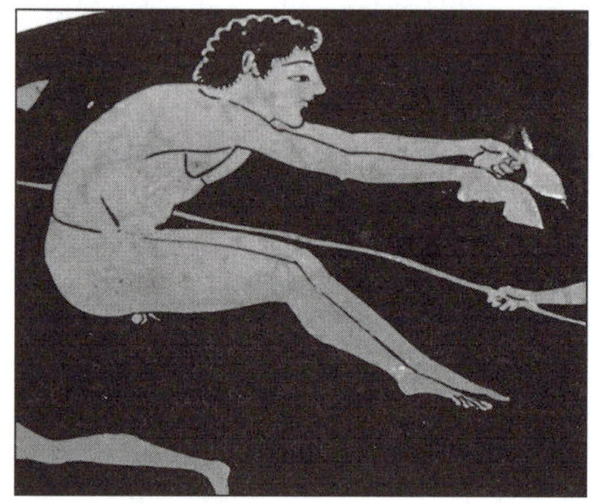

2. Streiche alle Begriffe durch, die nicht zu den Olympischen Spielen der Antike gehören:

Rauchopfer – Olympische Ringe – Stadionlauf – Heiligtum – Winterspiele – Bogenschießen – Diskuswerfen – Kugelstoßen – Boxen – Ringen – Schwimmwettbewerbe – Geldgeschenke – Siegerehrung – Goldmedaille – Waffenlauf – Ölzweig – Verkäufer – Handball – Zuschauer – Wagenrennen – Bestechung – Zehnkampf – Trainer – Wettkampfrichter – Dressurreiten – Eid der Athleten

3. Seit wann gibt es die Olympischen Spiele der Neuzeit? ______

Wo haben die letzten Olympischen Spiele stattgefunden?
Sommerspiele ______
Winterspiele ______

Kennst du die Austragungsorte der nächsten Olympischen Spiele?
Sommerspiele ______
Winterspiele ______

Ratschläge für ein erfolgreiches Leben

Bei dem Dichter Hesiod fanden die einfachen Leute Ratschläge, wie man tüchtig und erfolgreich leben konnte. Manche von seinen Ratschlägen finden wir noch heute in deutschen Sprichwörtern wieder. Überzeuge dich selbst:

Ratschläge Hesiods:	**Deutsche Sprichwörter:**
1. Vor den Erfolg haben die ewigen Götter den Schweiß gesetzt.	a Aller Anfang ist schwer. (C)
2. Lang und steil ist der Pfad zum Erfolg und schwer zu gehen am Anfang.	b Wie du mir so ich dir. (F)
3. Regst du dich nämlich, beneidet dich bald der Faule, weil du reich bist.	c Ohne Schweiß kein Preis. (S)
4. Geraubte Güter sind kein Segen, allzu leicht stürzen die Götter den Räuber und kurz nur bleibt ihm der Wohlstand.	d Sich regen bringt Segen. (H)
5. Gib dem, der dir gibt, und gib dem nicht, der dir nicht gibt.	e Unrechtes Gut gedeihet nicht. (A)
6. Nichts verschiebe auf morgen oder übermorgen, nur wer nicht alles verschiebt, füllt seine Scheune.	f Alles zu seiner Zeit. (R)
7. Arbeit am frühen Morgen bringt dein Werk voran.	g Wie du in den Wald hineinrufst, so schallt es heraus. (T)
8. Achte auf den richtigen Zeitpunkt. Die richtige Zeit ist in allem das Beste.	h Verschiebe nicht auf morgen, was du heute kannst besorgen. (H)
9. Sagst du Schlimmes, bekommst du bald Schlimmes zu hören.	i Morgenstund hat Gold im Mund. (I)

Ordne jedes deutsche Sprichwort einem passenden Ratschlag Hesiods zu und nummeriere es entsprechend. Hast du richtig zugeordnet, dann ergeben die eingeklammerten Buchstaben von 1 bis 9 den Beruf, den Hesiod ausübte, bevor er Dichter wurde.

1	2	3	4	5	6	7	8	9

Meinst du, dass der eine oder andere Ratschlag Hesiods immer noch nützlich ist? Begründe deine Entscheidung.

______

______

______

Alexandria – eine griechische Stadt in Ägypten

Alexandria in Ägypten war die größte, reichste und bedeutendste Stadt der hellenistischen Welt. Alexander der Große hatte sie 331 v.Chr. an der Nilmündung gegründet. Ein General Alexanders übernahm nach dessen Tod die Verwaltung über Ägypten und machte es später zu seinem Königreich. Alexandria baute er mit Palast und Verwaltungsgebäuden zu seinem Königssitz und Hauptstadt des Ptolemäerreiches aus. Die letzte ptolemäische Königin war übrigens Kleopatra. Nach ihrem Tode wurde Ägypten im Jahre 30 v. Chr. eine römische Provinz. Alexandria blieb aber der Mittelpunkt des griechischen Geisteslebens.

*1. **Schau dir den Lageplan der Stadt Alexandria an. Welche Einzelheiten kannst du erkennen? Ordne sie dem jeweiligen Gesichtspunkt zu.***

- ***Hafenstadt***
- ***Handelsstadt***
- ***Residenzstadt***
- ***Stadt der Ägypter***
- ***Stadt der Griechen***

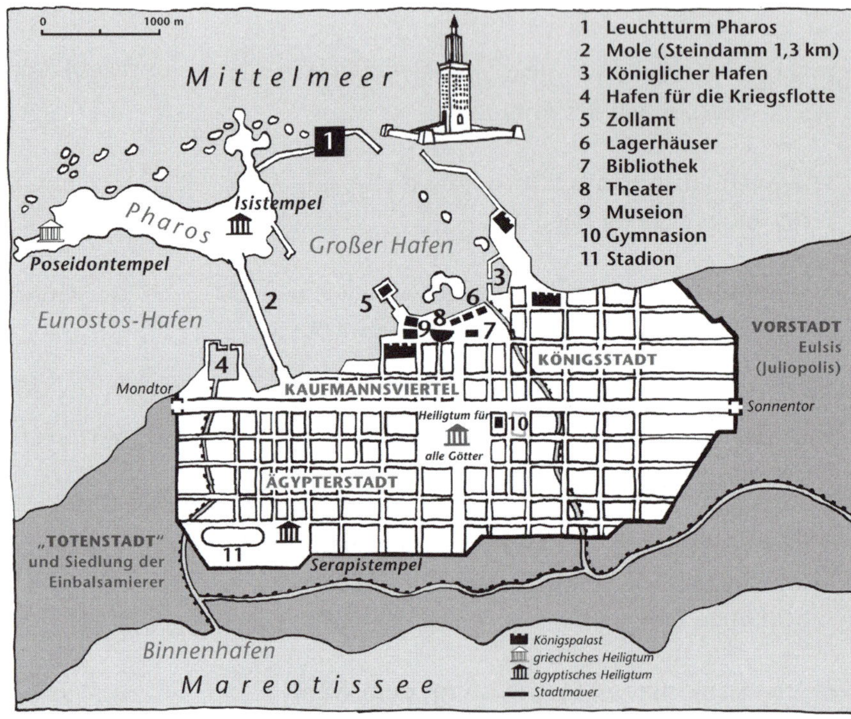

*2. **Das Museion und die Bibliothek von Alexandria boten Wissenschaftlern aus dem gesamten Mittelmeerraum die besten Arbeitsbedingungen für ihre Forschungen. Trage in die freien Felder die jeweilige Fachrichtung ein: Medizin, Literatur, Physik, Astronomie, Geografie, Mathematik.***

Euklid von Alexandria schreibt ein Geometrielehrbuch, das bis ins 19. Jh. in Gebrauch war.

Archimedes von Syrakus entdeckt das spezifische Gewicht und erfindet den Flaschenzug.

Eratosthenes von Kyrene entdeckt die Kugelgestalt der Erde und berechnet den Erdumfang.

Herophilos von Chalkedon entdeckt die Nerven und erkennt, dass das Gehirn die Nerven steuert.

Aristarch von Samos behauptet, dass die Erde sich um sich selbst drehe und um die Sonne kreise.

Zenodotos von Ephesos besorgt eine kritische Ausgabe von Homers „Ilias" und „Odyssee".

Alle Wege führen nach Rom

Das Römische Weltreich wurde durch seine hervorragenden Straßen zusammengehalten. Sie waren so gut gebaut, dass sie noch mehr als tausend Jahre später von Reisenden benutzt werden konnten. In der zeichnerischen Rekonstruktion kannst du den Römern beim Straßenbau zuschauen.

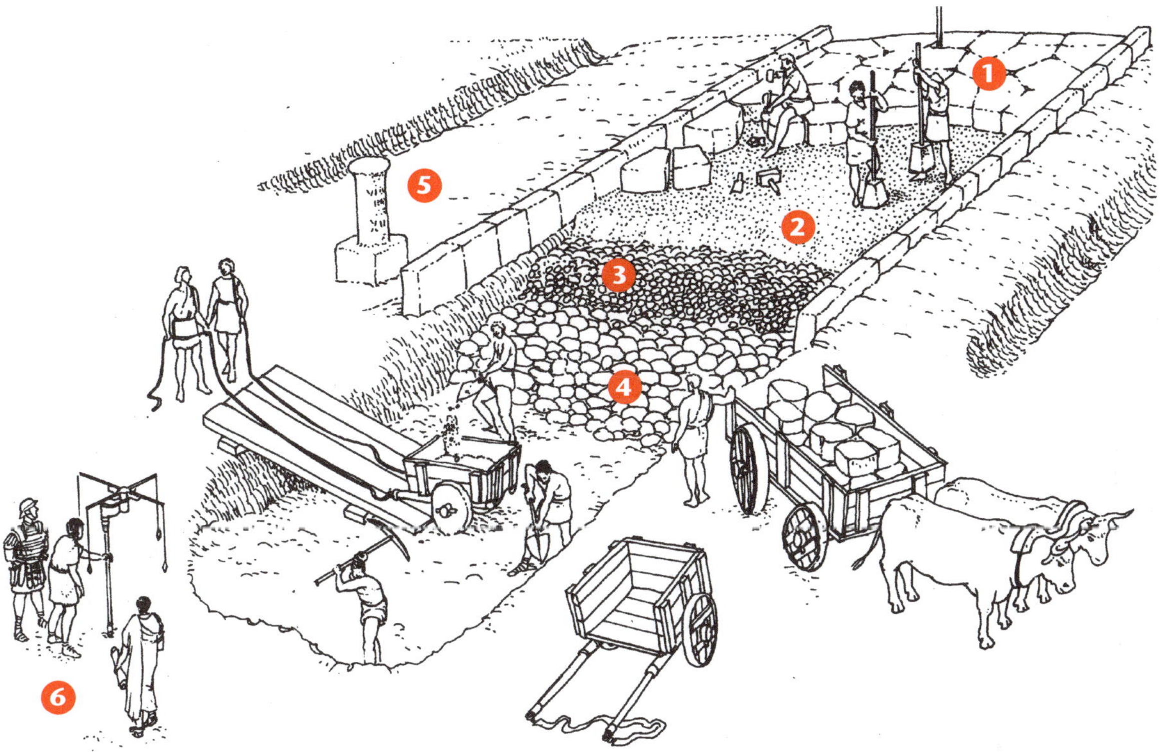

1. Ordne der Zeichnung die folgenden Begriffe zu:
Meilenstein, Pflaster, Gromma (ein Vermessungsgerät, mit dem der gerade Verlauf der Straße sichergestellt wurde), grobe Steine, feiner Schotter und Sand, grober Schotter (mittelgroße Steine).

1 ________________ *2* ________________ *3* ________________
4 ________________ *5* ________________ *6* ________________

2. Auf der Zeichnung sind verschiedene Arbeiten dargestellt. Beschreibe drei Arbeiten genauer.

- ____
- ____
- ____

3. Wer benutzte die römischen Straßen?
Setze die Begriffe ein: Händler, Legionäre, Reisende, Beamte, Kuriere, Kaiser.

- *An der Germanengrenze bricht ein Krieg aus.* ________________
- *Der General schickt eine Eilbotschaft nach Rom.* ________________
- *Eine Frau aus Rom besucht ihre Freundin in Pompeji.* ________________
- *Augustus kontrolliert Verteidigungsbauten an der Rheingrenze.* ________________
- *Ein neuer Statthalter reist in seine Provinz.* ________________
- *Ein Ochsengespann mit griechischen Vasen ist unterwegs zum Markt.* ________________

Handelsreisen im Römischen Reich

Gib die Ost-West-Ausdehnung und die durchschnittliche Nord-Süd-Ausdehnung des Römischen Reiches in Kilometern an.

Ein römischer Kaufmann reist von Ostia aus zu seinen Handelsniederlassungen in Massilia, Karthago, Alexandria und Londinium. Trage die Handelswege (Reiserouten) mit einem Farbstift in die Karte ein. Nenne die heutigen Ländernamen, in denen sich die Handelsniederlassungen befanden.

Wie lange war er jeweils unterwegs, wenn seine Handelsschiffe 120 km am Tag zurückgelegt haben?

In welchen Sprachen hätte der Kaufmann sich heute auf seiner Reise verständigen müssen?

Welche heutigen Staaten und Inseln gehörten zum Gebiet des Römischen Reiches?

Römische Kaisermünzen

Finde anhand der Erläuterungen heraus, bei welcher Abbildung es sich jeweils um die Vorder- und Rückseite derselben Münze handelt, und verbinde die Seiten mit einer Linie.

a) Cäsar Octavianus Augustus (30 v. Chr.–14 n. Chr.): Goldmünze, ca. 20/18 v. Chr.
Auf der Vorderseite ist der Kopf des Augustus abgebildet, darunter befindet sich der Schriftzug „AVGVSTVS“. Die Rückseite zeigt Victoria, die Göttin des Sieges. Sie drückt mit weit ausgebreiteten Flügeln einen Stier an den Hörnern nieder. Über ihrem Bild steht „ARMENIA“, darunter „CAPTA“. Übersetzt bedeutet das: „nach der Einnahme Armeniens“.

b) Tiberius Nero Cäsar (14–37 n.Chr.): Goldmünze, ca. 15/16 n. Chr.
Die Vorderseite zeigt den nach rechts gewendeten Kopf des Tiberius – mit einem Lorbeerkranz geschmückt. Er ist mit „TI[BERIVS] CAESAR DIVI AVG[VSTI] F[ILIVS] AVGVSTVS (Tiberius Caesar Augustus, der Sohn des göttlichen Augustus)“, umschrieben. Auf der Rückseite ist Tiberius mit Adlerzepter und Lorbeerzweig in einem Viergespann abgebildet. Rechts steht „TR[IBUNICA] POT[ESTAS] XVII (17-mal hatte er die tribunizische Gewalt)“, das bedeutet, er war 17-mal Volkstribun, unten „IMP[ERATOR] VII (7-mal war er Imperator)“.

c) Tiberius Claudius Drusus Cäsar (41–54 n.Chr.): Goldmünze, 47 n.Chr.
Vorn ist der Kopf des Claudius mit Lorbeerkranz und der Umschrift „TI[BERIVS] CLAVD[IVS] CAESAR AVG[VSTVS] P[ONTIFEX] M[AXIMVS] (Tiberius Claudius Caesar Augustus, Vorsteher des Priesterkollegiums) TR[IBUNICA] POT[ESTAS] VI (6-mal hatte er die tribunizische Gewalt) IMP[ERATOR] XI (11-mal war er Imperator)“ zu sehen, auf der Rückseite ein eintoriger Triumphbogen mit der Inschrift „DE BRITANN[IA]“ (über Britannien). Am Dach zwischen zwei Trophäen ist die Reiterstatue des Claudius abgebildet.

Erkläre, was die Motive auf den Rückseiten der Münzen zu bedeuten hatten.

An den Grenzen der römischen Macht

1. Fülle den Lückentext mithilfe deines Schülerbuchs richtig aus.

Kaiser .... wollte das Land zwischen den Flüssen Rhein und .... für das Römische Reich erobern. Doch sein Feldherr .... wurde im Jahre .... n. Chr. von einem Germanenheer vernichtend geschlagen. Sein Gegner war der Cheruskerfürst ...., der als junger Mann in der römischen Armee ausgebildet worden war. Die Römer konnten das freie Germanien nicht erobern. Im Südwesten des heutigen Deutschland besaßen die Römer aber schon ein größeres Gebiet, das nun schutzlos jenseits der Flüsse Rhein und .... lag. Sie sicherten es durch einen Grenzzaun, den wir .... nennen.

2. Ein römisches Militärlager am Limes. Setze die folgenden Begriffe ein:
Holzpalisade, Wachturm, Kastell, Händler, Haupttor, Wall und Graben.

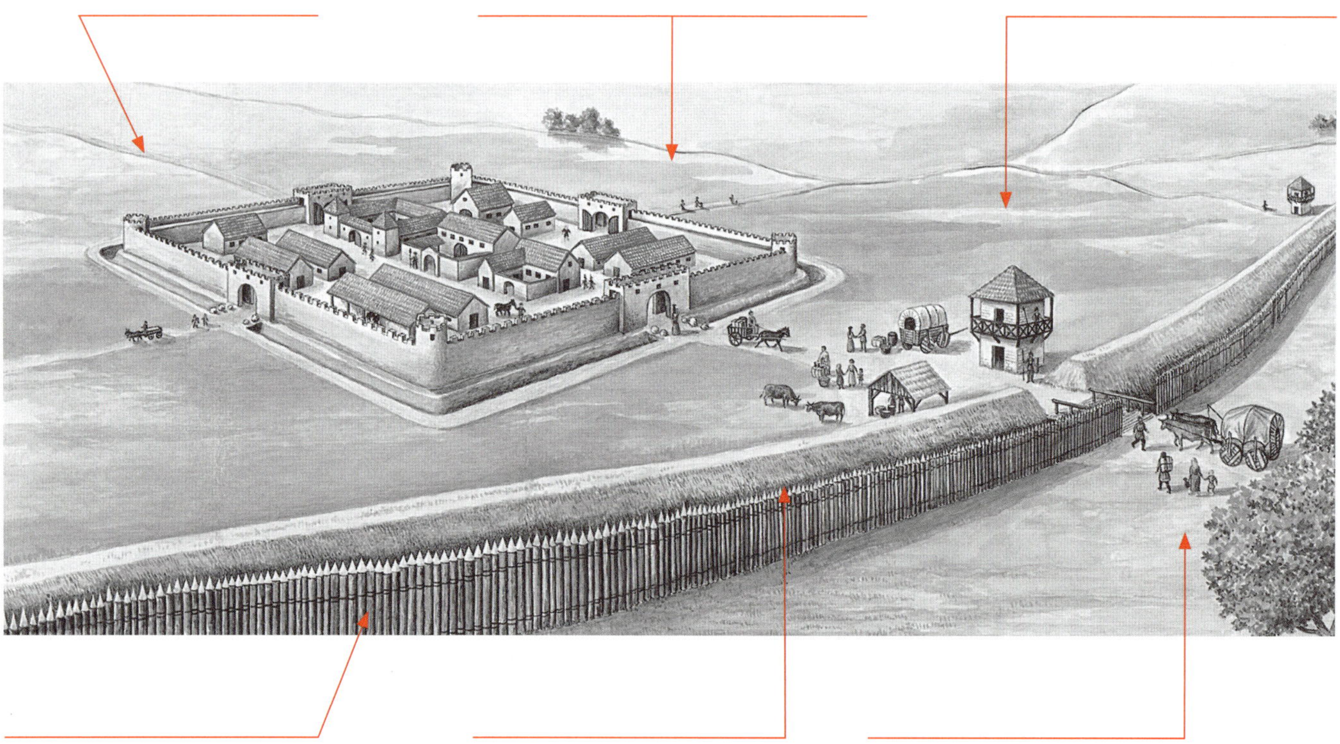

3. Setze die richtigen Namen und Begriffe ein.

- *ein Lager für etwa 500 Soldaten:* ______________________
- *eine sehr große Einheit des römischen Heeres (Varus befehligte drei):* ______________________
- *deutsche Landschaft, in der die Varusschlacht stattfand:* ______________________
- *römischer Feldherr und Politiker, der um 50 v. Chr. bis zum Rhein vorstieß:* ______________________
- *römischer Geschichtsschreiber, der die Germanen in einem Buch beschrieb:* ______________________
- *Bezeichnung für Fremdvölker in der römischen Armee (z.B. Germanen):* ______________________
- *römischer Kaiser, der 83 n. Chr. den Bau des Limes befahl:* ______________________

Römer und Germanen: Begegnung am Limes

Am Limes endete die römische Macht. Doch der Limes war nicht nur eine Verteidigungslinie, die Römer und Germanen trennte; der Limes war auch ein Ort der Begegnung.

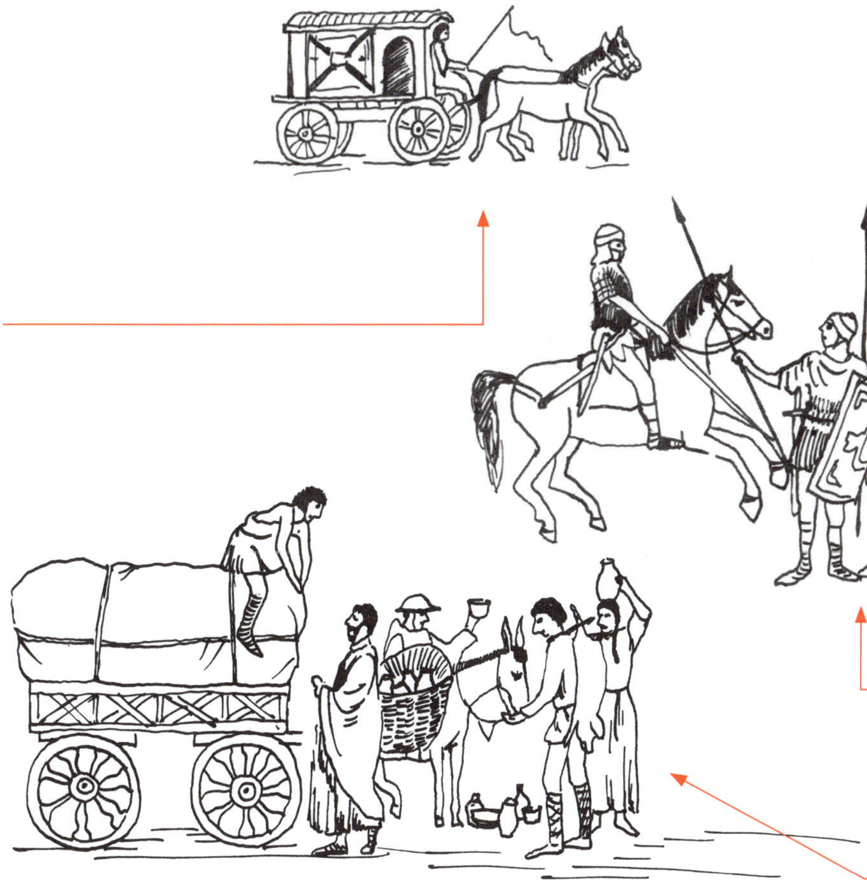

1. *Schreibe die Begriffe an die richtige Stelle:*
römische Legionäre, germanischer Leiterwagen, römischer Reisewagen, germanische Bauern

2. *Am Limes herrschte ein reger Handel. Ordne die folgenden Güter richtig zu:*
Honig, Wein, Schafwolle, Eier, Tongeschirr mit feiner Verzierung, Bärenfell, Vieh, Glaswaren, feine Tuche, blondes Frauenhaar, Messingschnallen, Oliven

freies Germanenland

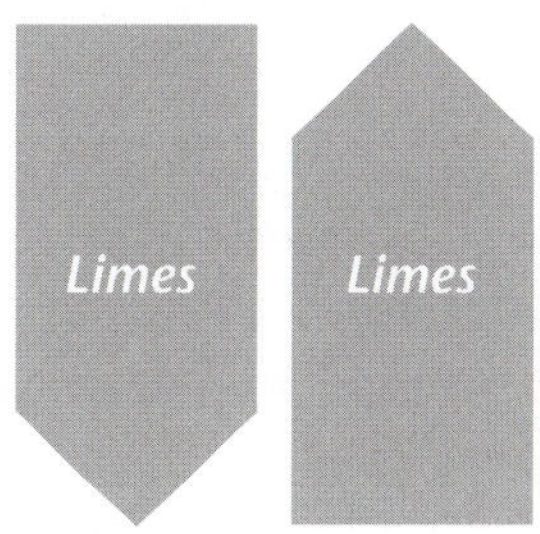

Römisches Reich

Bildquellenverzeichnis

S. 8, AKG, Herbert Kraft, Berlin
S. 10 alle Archaeo-Technik/Wulf Hein, Friedberg
S. 11 alle Archaeo-Technik/Wulf Hein, Friedberg
S. 18 Art Archive/British Museum, London
S. 24 li o Foto Marburg
li u The British Museum, London
re o Foto Marburg
re u Badisches Landesmusem, INV. NR. 69/65, Karlsruhe
S. 27 Jordi Ballonga
S. 29 British Museum, London; Bridgeman, London;
Bibliothèque nationale de France, Paris;